CATALOGUE

D'UNE

TRÈS BELLE RÉUNION

D'OBJETS D'ART

ET DE CURIOSITÉ,

BELLES PORCELAINES D'ANCIEN SÈVRES, PATE TENDRE,

Porcelaines de Saxe, de Chine et du Japon, Meubles anciens en marqueterie de Boule et bois rose, Bronzes, Feux, Flambeaux, Candelabres, Bras et Lustres, Pendules anciennes en bronze, Porcelaines et Marqueterie,

TRÈS BEAU LUSTRE EN CRISTAL DE ROCHE,

Ivoires sculptés, Emaux byzantins et de Limoges, Vitraux suisses,

BIJOUX ANCIENS, RICHES TABATIÈRES, BOITES, ÉTUIS, MONTRES, ETC.,

DONT LA VENTE AUX ENCHÈRES PUBLIQUES AURA LIEU

Par suite du décès de M. GANSBERG,

HOTEL DES VENTES MOBILIÈRES,
Salle n° 1,

RUE DES JEUNEURS, N° 42,

Les Lundi 24, Mardi 25 et Mercredi 26 Janvier 1853,
A MIDI.

Par le ministère de M° RIDEL, Commissaire-Priseur,
rue Saint-Honoré, 335,

Assisté de M. ROUSSEL, Expert, rue du Dragon, 33,
Chez lesquels se distribue le présent Catalogue.

EXPOSITION PUBLIQUE
Le Dimanche 23 Janvier 1853, de midi à quatre heures.

PARIS
MAULDE ET RENOU
IMPRIMEURS DE LA COMPAGNIE DES COMMISSAIRES-PRISEURS,
Rue de Rivoli prolongée.
1852

7248

CONDITIONS DE LA VENTE.

Elle sera faite au comptant.

Les acquéreurs paieront, en sus des adjudications, cinq centimes par franc applicables aux frais de vente.

ORDRE DES VACATIONS.

Le Lundi 24 Janvier. — **Porcelaines de Sèvres, de Saxe, de Chine et du Japon, Émaux, Ivoires et Vitraux.**

Le Mardi 25. — **Porcelaines montées, Bronzes, Pendules, Lustres, Meubles en marqueterie et bois rose.**

Le Mercredi 26. — **Bijoux anciens, Tabatières, Montres et Objets divers.**

CATALOGUE

D'OBJETS D'ART ET DE CURIOSITÉ

DÉSIGNATION.

Porcelaines de Sèvres.

1 — Une garniture de trois jolis vases en porcelaine de Sèvres pâte tendre, décor bleu de roi, à cartels d'oiseaux dessinés en or, le couvercle et la gorge découpés à jours.

2 — Deux grandes soupières avec leurs plateaux en porcelaine de Sèvres pâte tendre, décorées de fleurs.

3 — Quatre verrières en porcelaine de Sèvres pâte tendre, fond bleu de roi, à réseaux d'or, médaillons à bouquets de fleurs, très belle qualité.

4 — Une paire de vases forme éventail en porcelaine de Sèvres pâte tendre, fond vert, à médaillons de sujets militaires.

5 — Un petit service en porcelaine de Sèvres, fond vert, à médaillons de fleurs et de papillons, composé de trente-cinq grandes assiettes, quatre petites assiettes, quatre compotiers ronds, six compotiers carrés, deux saladiers, une glacière, quinze pots à crème et un sucrier ovale à plateau fixe.

6 — Deux sucriers ovales, couvercles et plateaux en porcelaine de Sèvres, fond bleu de Vincennes à médaillons d'oiseaux.

7 — Une paire de vases porcelaine de Sèvres pâte tendre, à dentelle d'or.

8 — Deux glacières en porcelaine de Sèvres pâte tendre, décorées de bouquets de roses.

9 — Deux sucriers ovales à plateaux fixes, porcelaine de Sèvres, décorés de bouquets de roses.

10 — Un seau en porcelaine de Sèvres pâte tendre, à dessins camaïeux rouges.

11 — Un socle de forme triangulaire en argent doré, orné de dauphins et de trois plaques en porcelaine de Sèvres, à sujets de marine d'après Vernet.

12 — Deux seaux en porcelaine de Sèvres pâte tendre, décor à feuilles de choux et bouquets de fleurs.

13 — Un pot et sa cuvette en porcelaine de Sèvres pâte tendre, fond bleu et rouge à guirlandes d'un décor très riche.

14 — Un pot et sa cuvette en porcelaine de Sèvres pâte tendre, décorés de bouquets de roses.

15 — Un déjeuner en porcelaine de Sèvres pâte tendre, fond rose décoré de guirlandes et de bordure à grecque émaillée en bleu, composé d'un plateau, une théière, un sucrier, un pot à lait et une tasse. Très belle qualité.

16 — Un pot à eau et sa cuvette en porcelaine de Sèvres, pâte tendre, décor très riche à guirlandes de fleurs. Belle qualité.

17 — Un déjeuner en porcelaine de Sèvres pâte tendre, à œils de perdrix, fond vert, médaillons à bouquets de roses, composé d'un plateau, deux tasses, un sucrier, un pot à lait. Très belle qualité.

18 — Un grand plateau oblong avec anses et nœuds de rubans en relief, un pot à lait et un sucrier, porcelaine de Sèvres pâte dure, décor très riche à guirlandes de roses etc.

19 — Un déjeuner porcelaine de Sèvres pâte tendre, fond bleu décoré de fleurs et or, composé d'un plateau, une tasse, une théière, un sucrier et un pot à lait.

20 — Un pot à crème avec couvercle porcelaine de Sèvres pâte tendre, décor feuilles de choux et bouquets de roses.

21 — Un déjeuner en porcelaine de Sèvres, fond bleu à guirlandes, composé de six tasses, une théière, un sucrier, un pot à lait.

22 — Un pot à eau et sa cuvette en porcelaine de Sèvres, richement décoré de fleurs avec arabesques d'or.

23 — Une jolie coupe en porcelaine de Sèvres, à quadrilles, médaillons d'oiseaux et de fleurs, monture en bronze doré.

24 — Un petit vase en porcelaine de Sèvres, fond bleu turquoise à médaillons de roses, monture à deux anses en bronze doré.

25 — Quatre grands seaux en porcelaine de Sèvres pâte tendre, fond bleu de roi à réseaux d'or et médaillons à bouquets de fleurs. Très belle qualité.

26 — Deux beurriers avec leurs couvercles et leurs plateaux porcelaine de Sèvres pâte tendre, fond bleu de roi à réseaux d'or, à cartels de fleurs.

27 — Un cabaret en porcelaine de Sèvres pâte tendre, à guirlandes de roses camaïeu rouge et trophées de musique, composé d'un plateau et quatre pièces.

28 — Une tasse de trembleur en porcelaine de Sèvres pâte tendre, fond vert décoré de fleurs. Très belle qualité.

29 — Un petit sucrier en porcelaine de Sèvres pâte tendre, décoré de guirlandes et de roses.

30 — Une tasse et sa soucoupe en porcelaine de Sèvres pâte tendre, fond bleu turquoise, décor à bouquets de roses.

31 — Un petit vase, fond vert à réseaux d'or, double médaillon à sujets, porcelaine de Sèvres pâte tendre.

32 — Une théière, fond bleu et œils de perdrix, médaillons à paysage, porcelaine de Sèvres pâte tendre.

33 — Une très grande tasse et sa soucoupe en porcelaine de Sèvres, fond bleu de roi, médaillons à paysages et dentelles d'or. Très belle qualité.

34 — Une autre grande tasse avec sa soucoupe en porcelaine de Sèvres pâte tendre, fond bleu de roi, décorée de guirlandes de chêne et d'entrelacs.

35 — Un sucrier ovale à couvercle porcelaine de Sèvres pâte tendre, fond bleu de roi à cartels d'oiseaux.

36 — Un pot à crème porcelaine de Sèvres bleu lapis.

37 — Une tasse forme droite et sa soucoupe, fond bleu de roi à riche bordure d'or, médaillon à corbeille de fleurs.

38 — Une tasse bleu de roi à médaillon d'oiseaux.

39 — Une petite tasse forme droite, fond blanc, médaillon à paysage.

40 — Une tasse forme droite et sa soucoupe, fond bleu de roi à arabesques d'or et émaux en relief.

41 — Une tasse forme droite et sa soucoupe porcelaine de Sèvres pâte tendre, fond bleu de roi à réseau d'or, médaillon d'oiseaux.

42 — Une tasse, fond bleu de roi, à médaillon d'oiseaux.

43 — Une tasse et sa soucoupe, fond bleu de roi, à réseaux d'or, porcelaine de Sèvres.

44 — Une tasse et sa soucoupe, fond bleu de roi, à médaillons de marine et de fleurs, porcelaine de Sèvres.

45 — Une tasse et sa soucoupe porcelaine de Sèvres pâte tendre, fond vert à petits bouquets.

46 — Une tasse et sa soucoupe, fond vert, à médaillons de roses.

47 — Une tasse droite et sa soucoupe en porcelaine de Sèvres, d'un décor très riche, à guirlandes de fleurs.

48 — Une tasse et sa soucoupe en porcelaine de Sèvres pâte tendre, fond bleu de roi, cartel d'oiseaux.

49 — Une tasse et sa soucoupe forme droite, en porcelaine de Sèvres pâte tendre, décorée d'oiseaux.

50 — Deux pots à crème en porcelaine de Sèvres pâte tendre, richement décorés de fleurs.

51 — Deux autres pots à crème décorés de fleurs.

52 — Deux assiettes porcelaine de Sèvres pâte tendre, fond bleu turquoise, médaillons d'oiseaux et cartels de fleurs.

53 — Un plateau guéridon porcelaine de Sèvres pâte tendre, bleu turquoise et guirlande de fleurs ; un autre plateau bleu de roi, bouquets de roses.

54 — Un bourdaloue en porcelaine de Sèvres, fond vert à médaillons de fleurs.

55 — Un bourdaloue en porcelaine de Sèvres pâte tendre, fond bleu de roi, cartels d'oiseaux. Très belle qualité.

56 — Deux compotiers ronds en porcelaine de Sèvres bleu de roi à réseaux d'or, cartels de fruits et de fleurs.

57 — Douze assiettes porcelaine de Sèvres pâte tendre bleu de roi, cartels de fleurs.

58 — Deux saucières et leurs plateaux en porcelaine de Sèvres bleu de roi à cartels de fleurs.

Porcelaines de Saxe.

59 — Un groupe de trois figures en porcelaine de Saxe.

60 — Une corbeille à jours en porcelaine de Saxe, fond vert et or, avec son piédestal également en porcelaine.

61 — Un groupe de figures en porcelaine de Saxe, l'Enfant à la bercelonnette.
62 — Une figure de jeune fille tenant un cahier de musique.
63 — Une figure d'Arlequin italien.
64 — Un groupe de deux Amours musiciens.
65 — Un groupe de deux figures en porcelaine de Saxe, la Leçon de flûte.
66 — Une garniture de cheminée, composée d'une pendule, forme monumentale, et de deux vases à couvercles, en porcelaine de Saxe, avec ornements en relief, enrichis de peintures à sujets chinois et de fleurs.

Porcelaines diverses montées en bronze doré et non montées.

67 — Un grand vase jardinière en porcelaine du Japon, décor de fleurs, avec belle monture rocaille à deux anses, orné de dragons, bronze doré.
68 — Deux grands vases jardinière en porcelaine de Chine de la plus belle qualité, décorés de fleurs et d'oiseaux, très riche monture rocaille en bronze doré.
69 — Un très grand et beau vase jardinière en porcelaine du Japon, décoré d'oiseaux et de

fleurs de la plus belle qualité, riche monture rocaille à deux anses en bronze doré, sur fût de colonne en ébène.

70 — Deux grands vases à côtes et anses en porcelaine de Chine, fond jaune avec ornements en relief émaillés de couleurs variées, monture en bronze doré.

71 — Six vases à pans en porcelaine céladon bleu turquoise à dessins gaufrés, ancienne et belle qualité, montures en bronze doré.

72 — Un grand et beau bol en porcelaine du Japon, décoré de fleurs, monture rocaille à deux anses en bronze doré.

73 — Deux beaux vases forme bouteille en porcelaine céladon jaspé, avec riche monture rocaille à deux anses en bronze doré.

74 — Un guéridon formé d'un grand plat et de deux cornets superposés, en porcelaine du Japon d'un beau décor, monture en bronze.

75 — Deux grandes vases jardinières à huit pans en porcelaine de Chine, décorés de fleurs et d'oiseaux avec montures rocaille, en bronze doré.

76 — Un très grand bol en porcelaine de Chine richement décoré de fleurs, belle monture à deux anses en bronze doré.

77 — Deux beaux vases potiches en porcelaine du Japon de la plus belle qualité, fond bleu à

cartels de fleurs rehaussés d'or, monture en cuivre.

78 — Deux grands vases de forme carrée en porcelaine ancien craquelé, à dessins bleus avec très belle monture rocaille à deux anses, en bronze doré.

79 — Une garniture de trois vases en porcelaine laquée, fond noir et burgauté, garnis en bronze doré.

80 — Deux grands et beaux vases à couvercles en porcelaine du Japon d'un décor très riche rehaussé d'or, monture rocaille en bronze doré.

81 — Un grand et beau vase jardinière en porcelaine céladon gaufré, riche monture en bronze doré.

82 — Deux vases de forme aplatie en porcelaine de Chine, fond vert à mandarins, monture en bronze doré.

83 — Deux grands et beaux vases potiches avec couvercles en porcelaine du Japon, d'une très belle qualité, décorés de fleurs et rehaussés d'or, riche monture en bronze rocaille.

84 — Deux belles coupes en porcelaine craquelée de belle qualité ancienne, montées en bronze doré.

85 — Un grand et beau vase de milieu de forme aplatie en porcelaine de Chine de très bell-

qualité, avec fleurs et animaux en relief, orné de médaillons à mandarins, monture en bronze doré.

86 — Une paire de vases à six pans, porcelaine de Chine à sujets de mandarins, avec entourage vermicellé d'or, belle qualité ancienne et montures en bronze doré.

87 — Deux beaux vases en porcelaine céladon bleu ampois, décorés de branches de fleurs faisant relief émaillé en blanc, avec riches montures rocaille à deux anses, bronze doré.

88 — Deux coupes rondes, porcelaine de Sèvres fond rose, ornements vert et bleu, médaillons à sujets pastoraux et fleurs, monture en bronze doré.

89 — Une garniture de cinq pièces, potiches et cornets, en porcelaine de Chine fond blanc, décorés de fleurs.

90 — Un très grand vase à couvercle, en porcelaine de Chine à dessins bleus.

91 — Un très grand vase en porcelaine de Chine à dessins bleus avec armoiries émaillées en couleurs variées.

92 — Une très belle garniture de cinq pièces, trois potiches et deux cornets en porcelaine du Japon à dessins bleus, recouverts d'ornements en relief laqués.

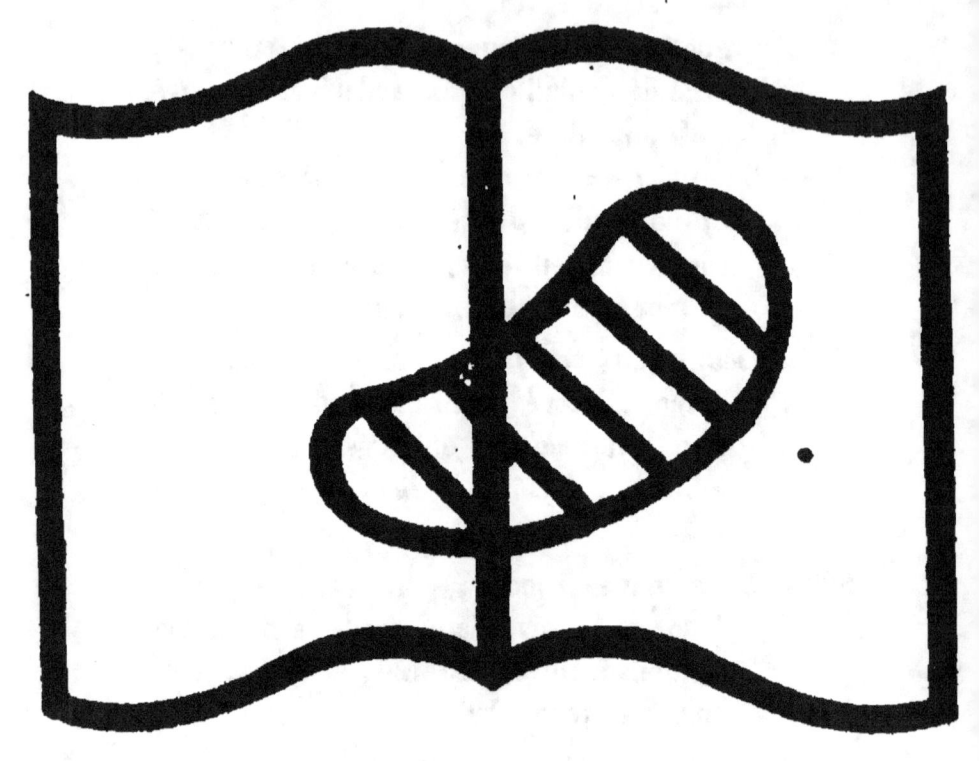

Illisibilité partielle

VALABLE POUR TOUT OU PARTIE DOCUMENT REPRODUIT

93 — Deux très grands bassins en porcelaine de Chine d'une belle qualité, décorés de paysages avec figures et kiosques, les anses figurées par des mufles de lions en relief et dorés.

Bronzes et Pendules.

94 — Une très grande garniture de cheminée, composée d'une pendule, forme de vase supporté par deux figures d'enfants et orné de guirlandes de fleurs, sur socle en bronze bleui et ornements dorés, et deux candélabres en forme de vase supportant des bouquets de lis et de pavots également en bronze doré avec partie bleuie.

95 — Une grande et belle pendule style Louis XVI, mouvement horizontal, avec vase en porcelaine tendre fond bleu de roi à réseaux d'or, à double cartel d'Amours et sujet pastoral; le socle, orné d'une plaque en porcelaine, supporte deux figures de femmes, le tout en bronze doré.

96 — Une paire de candélabres de forme triangulaire, style Louis XIV, en bronze doré.

97 — Une pendule, style Louis XVI, avec groupe de figures, Vénus et l'Amour, socle en marbre blanc orné de bronzes dorés, mouvement du nom de Lenoir.

98 — Une paire de candelabres à bouquets de lis en bronze doré, portés par des figures d'enfants en bronze au vert antique sur fûts de colonnes cannelées en bronze doré.

99 — Une pendule Louis XVI, avec figures allégoriques, en bronze doré, mouvement de Ragot.

100 — Deux magnifiques candelabres à bouquets de liset, vases en porcelaine céladon gaufré d'une très belle qualité, avec riche monture à deux anses et mascarons en bronze doré, sur piédestaux en bois d'ébène ornés de bronzes dorés.

101 — Une belle paire de feux style Louis XVI, ornés de figures d'enfants, de vases et de guirlandes en bronze doré.

162 — Une pendule dite à la Religieuse, avec colonnes en marqueterie de trois parties, ornée de bronzes.

103 — Deux très grands candelabres à bouquets de lis en bronze doré, supportés par des vases potiches et cornets superposés en porcelaine du Japon, d'une très belle qualité, monture très riche à anses et mascarons en bronze doré.

104 — Deux candelabres à bouquets de lis dans des vases en porcelaine de Chine à mandarins, garniture en bronze en couleur.

105 — Une belle paire de grands candelabres à bouquets de lis et pavots, en bronze doré,

supportés par des enfants en bronze de couleur florentine, piédestaux en marbre blanc ornés de bronzes dorés.

106 — Une pendule ancienne rocaille du temps de Louis XV, en cuivre doré, avec deux girandoles de même style aussi en bronze doré.

107 — Un cartel rocaille orné de fleurs en bronze doré.

108 — Une figurine chinoise tenant une gourde, bronze chinois.

109 — Deux candelabres à bouquets de lis dans des vases en porcelaine céladon à dessins camaïeux bleus, garniture en bronze.

110 — Une paire de candelabres à six branches supportées par des groupes de deux figures de femmes, en bronze doré, sur fûts de colonnes cannelées en marbre blanc.

111 — Une paire de chenets du temps de Louis XV, lions sur socles rocaille en bronze en couleur.

112 — Deux candelabres à bouquets de fleurs et vases en porcelaine céladon rouge haricot, monture rocaille en bronze doré.

113 — Une paire de flambeaux ornés de guirlandes et de mufles de lions, en bronze doré.

114 — Une paire de flambeaux Louis XVI, ornés de cannelures et de perles, bronze doré.

115 — Une paire de girandoles à deux branches, style rocaille en bronze doré.
116 — Une paire de girandoles à deux branches, style rocaille, à enfants en bronze doré.
117 — Une pendule style Louis XVI, en porcelaine tendre, fond bleu turquoise, décorée d'oiseaux et de fleurs, monture en bronze doré avec figure de génie, l'Astronomie.
118 — Deux grands candelabres à bouquets de lis placés dans des cornes d'abondance supportées par des figures d'enfants, sur piédestaux ornés de guirlandes, le tout en bronze doré.
119 — Une petite pendule en forme de vase en porcelaine bleu turquoise, sur piédestal garni de plaques en porcelaine à médaillons d'Amours, monture en bronze doré.
120 — Cartel rocaille avec socle en bronze doré.
121 — Une paire de flambeaux rocaille style Louis XV, en bronze doré.
122 — Deux bougeoirs en bronze doré.
123 — Deux paires de girandoles à trois lumières en bronze doré.
124 — Un bougeoir à feuillages en bronze doré.
125 — Une paire de flambeaux, style Louis XVI, ornés de médaillons et de guirlandes, bronze doré.
126 — Une paire de flambeaux à enfants en bronze doré.

127 — Un petit miroir de toilette, monture rocaille en bronze doré.

128 — Deux paires de candelabres, du temps de l'empire, ornés d'aigles dorés au mat, formés par des figures en bronze au vert antique portant des lumières, sur piédestaux en marbre vert de mer, ornés de bronzes dorés.

129 — Une pendule du temps de Louis XVI, avec figure allégorique.

130 — Un très beau groupe d'enfants et de Satyre, sujet de bacchanale en bronze ; le piédestal en marbre blanc, garni de bronzes dorés, renferme une pendule.

131 — Une très belle paire de feux style Louis XVI, à cassolettes ornées de guirlandes, bronze doré.

132 — Une paire de flambeaux à fleurs en relief, en porcelaine de Saxe montée en bronze doré

133 — Une belle pendule rocaille style Louis XV, en bronze doré.

134 — Une grande pendule style Louis XV, ornée de figures d'Amours, d'oiseaux et de guirlandes, bronze doré.

135 — Une paire de très grands candelabres à branches de lis et de pavots, en bronze doré, placés dans des vases en porcelaine de Chine à mandarins d'un décor très

riche. La monture rocaille à deux anses et à têtes de Satyres est de la plus grande richesse.

136 — Une autre paire de candelabres de même dimension et de même monture. Les vases en porcelaine céladon vert à dessins bleus rehaussés de violet.

Ces deux paires de candelabres, remarquables par leur dimension et leurs richesses, sont placés sur des piédestaux en bois d'ébène garnis de bronze doré.

137 — Une paire d'aiguières du temps de l'Empire, bronze au vert antique et ornements dorés.

138 — Un lustre rocaille à vingt-quatre lumières, en bronze doré.

139 — Un petit lustre à seize lumières, en bronze rocaille en couleur, orné de plaques en cristal de Bohême.

140 — Un lustre rocaille orné de figures d'enfant, à dix-huit lumières, en bronze doré.

141 — Un lustre rocaille orné de guirlandes, à vingt-cinq lumières, en bronze doré.

142 — Une grande pendule avec son socle en marqueterie de Boule sur fond d'écaille noire, richement ornés de bronze rocaille en couleur.

143 — Une pendule et console en marqueterie à fleurs

de couleurs et nacre de perle sur fond de cuivre, avec bronzes rocaille très riches, en couleur.

144 — Une grande et belle pendule avec son socle en marqueterie, à fleurs de couleurs, bronzes rocaille très riches dorés.

145 — Une pendule rocaille avec son socle en bronze doré, mouvement de J. Leroy.

146 — Une paire de candelabres à six branches, formés par des figures portant des cornes d'abondance en bronze doré, socles en marbre blanc.

147 — Une pendule en porcelaine tendre, fond bleu turquoise, sujets pastoraux et fleurs, montée en bronze doré.

148 — Une pendule style Louis XVI, en bronze doré, socle en marbre blanc.

149 — Une paire de candelabres à bouquets de lis supportés par des enfants, le tout en bronze doré sur fûts de colonnes cannelées en marbre blanc.

150 — Une pendule, style Louis XVI, avec groupe de figures, guirlandes de fleurs et draperies en bronze doré.

151 — Une petite pendule, style Renaissance, ornée de figures de génies et de guirlandes de fruits en bronze doré.

152 — Une petite pendule rocaille, ornée de figures d'enfants en bronze doré.

153 — Une paire de petits candelabres à branches de fleurs supportées par des enfants, sur fûts de colonnes cannelées en bronze doré.

154 — Une paire de girandoles en bronze doré, à deux branches, ornées de fleurs.

155 — Un très beau lustre en cristal de roche, à quarante-deux lumières, monture en bronze doré.

156 — Une garniture de cheminée style Louis XVI, composée d'une pendule avec groupe d'enfants et guirlandes de fleurs en bronze doré, sur socle en marbre blanc, mouvement du nom de J. Leroy, et de deux candelabres à branches de lis, supportées par des Amours aussi en bronze doré, sur piédestaux en marbre blanc.

157 —. Une grande pendule formée par un vase en porcelaine de Sèvres bleu turquoise à réseaux d'or, ornée de médaillons à sujets et de guirlandes de fleurs, piédestal orné de plaques en porcelaine bleu turquoise d'un beau décor et riche monture en bronze doré.

158 — Deux grands candelabres à neuf branches, en porcelaine tendre bleu turquoise décorée de fleurs, le tout richement monté en bronze doré.

Meubles en marqueterie et bois rose.

159 — Une grande armoire en marqueterie de Boule, sur écaille noire, 1re partie, à portes cintrées ; richement ornée de bronzes dorés. Les côtés sont également marquetés sur écaille noire.

160 — Un très beau meuble, bonheur du jour, à portes vitrées et à tiroirs, plaqué en bois rose et enrichi de nombreuses plaques en porcelaine tendre bleu turquoise, décorées d'oiseaux et de fleurs, garnitures en bronze doré.

161 — Un guéridon à quatre pieds en bois rose, orné de plaques en porcelaine de Sèvres, médaillons à sujet et cartels d'oiseaux et de fleurs, garni de bronze doré.

162 — Grand et beau bureau du temps de Louis XVI, en bois d'ébène, avec quart de rond et riche monture en bronze doré.

163 — Un coffre de mariage, style Louis XV, en bois rose, richement garni de bronzes rocaille dorés.

164 — Une bibliothèque en marqueterie de cuivre et écaille rouge avec ornements de couleurs, portes pleines dans le bas, avec tiroir formant bureau au-dessus ; le haut est à deux portes vitrées, ornements en bronze.

165 — Joli meuble bonheur du jour, à porte vitrée dans le haut avec tiroir au-dessous, en bois rose, orné de bronzes dorés.

166 — Une petite table de forme contournée en bois de rose, ornée de belles plaques en porcelaine de Sèvres bleu turquoise ; médaillon à sujet pastoral et cartel de fleurs, garnie de bronzes dorés.

167 — Une jardinière en bois rose, ornée de plaques en porcelaine tendre bleu turquoise à médaillons de fleurs, garnie en bronze doré.

168 — Trois gaines en marqueterie de Boule sur écaille noire, style Louis XIV, garnies de bronzes.

169 — Un grand régulateur, forme de lyre, en bois de rose, garni en bronze doré, style Louis XVI, mouvement de Lepautre.

170 — Un beau bureau en marqueterie de cuivre sur écaille rouge, le dessus marqueté en plein, richement garni de bronzes dorés.

171 — Une paire de meubles à pans coupés, à hauteur d'appui, portes pleines, marqueterie de cuivre sur écaille rouge, bronzes en couleur et tablettes en marbre noir.

172 — Un grand et beau coffre avec sa table à entre-jambes en marqueterie de cuivre et écaille, 1re partie richement garnie en bronzes dorés.

173 — Une bibliothèque à deux portes vitrées dans le haut et à panneaux pleins dans le bas,

en marqueterie de cuivre et écaille, 2e partie, ornements en bronze en couleur.

174 — Un petit meuble Louis XV, à une seule porte pleine en bois rose, orné de plaques en porcelaine bleu turquoise, à médaillons de fruits et de fleurs, très richement orné de bronzes dorés, tablettes en marbre blanc.

175 — Un joli petit meuble bonheur du jour en bois rose, orné de plaques en porcelaine tendre bleu turquoise, décoré d'oiseaux et garni en bronze doré.

176 — Un guéridon à six pans en marqueterie de cuivre sur écaille rouge, riche monture en bronze doré.

177 — Une petite table à ouvrage style Louis XV, avec tablette et tiroir, en bois rose et médaillons en marqueterie de fleurs, garnie en bronze.

178 — Une petite table à ouvrage style Louis XV, avec tiroirs et tablette d'entre-jambes, en bois de placage, ornée de bronzes en couleur.

179 — Une armoire à deux portes vitrées, en marqueterie de cuivre sur écaille rouge, ornée de bronze en couleur.

180 — Une bibliothèque à portes vitrées dans le haut et à panneaux pleins dans le bas, en marqueterie de cuivre sur écaille rouge, première partie, ornements en bronze en couleur.

181 — Un meuble en marqueterie de cuivre sur écaille noire et ornements de couleurs, richement garnis de bronzes dorés; la porte pleine est ornée d'un bas-relief représentant Apollon.

182 — Une très jolie petite table style Louis XVI, en marqueterie de bois à fleurs, garnie en bronze doré.

183 — Un grand et beau bureau en marqueterie de cuivre et écaille, 1re partie avec monture très riche en bronze doré.

184 — Une paire de meubles à hauteur d'appui à deux portes vitrées chacun, en bois d'ébène, ornés de bronzes dorés, style Louis XVI, dessus en marbre blanc.

185 — Un meuble à hauteur d'appui, à portes pleines en marqueterie de cuivre sur écaille rouge garni de bronze.

186 — Un meuble à une porte pleine, marqueterie de cuivre sur écaille rouge, garni de bronzes en couleur, tablettes en marbre noir.

187 — Une console style Louis XVI, en bois d'ébène, garnie de bronzes dorés, tablettes en marbre bleu turquin.

188 — Un meuble bonheur du jour, en bois rose, orné de plaques en porcelaine tendre bleu turquoise, à médaillons d'oiseaux, garni en bronze doré.

189 — Un autre meuble bonheur du jour, à quatre portes et tiroirs enrichis de plaques et balustres en porcelaine tendre bleu turquoise, décorés de fleurs, garni en bronze doré.
190 — Une console en marqueterie de bois à fleurs et arabesques, garniture très riche et d'une bonne ciselure en bronze doré.
191 — Une grande console du temps de Louis XIV, en bois sculpté et doré, dessus en velours rouge.

Emaux bizantins et de Limoges, Ivoires et Vitraux.

192 — Une grande châsse en émail byzantin, ornée de figures en relief en cuivre doré et surmontée d'une galerie découpée à jours.
193 — Une grande et belle croix en émail byzantin, avec Christ et figures : Sainte-Madeleine et Saint-Jean en cuivre doré ; le revers de la croix également émaillé offre en relief le Père-Eternel avec les attributs des quatre Evangélistes.
194 — Un bas-relief byzantin en cuivre repoussé et doré, représentant la sépulture d'un saint évêque, les figures ont les yeux émaillés.
195 — Une petite châsse bysantine en cuivre émaillé, avec ornements et chatons en verres de couleurs.

196 — Un grand et bel ostensoir ou remonstrance en argent doré, orné de figures d'anges, de bas-reliefs et de riches ornements. Cette pièce est remarquable par la beauté du style et par ses grandes dimensions.

197 — Une grande plaque carrée en émail de Limoges, à peinture coloriée rehaussée d'or, représentant le Calvaire; la bordure, en cuivre doré du temps, est incrustée dans le bas de petits pilastres, avec bas-reliefs en cuivre doré.

198 — Un coffre en bois doré orné de cinq plaques à peintures coloriées en émail de Limoges, représentant divers sujets de l'Ancien-Testament.

199 — Un beau plat ovale en émail de Limoges à peintures coloriées et à paillons, sujet historique, signé MREYMOND. Au revers, un portrait au milieu d'arabesques.

200 — Une aiguière en émail sur cuivre à peinture grisaille, représentant un sujet biblique.

201 — Un vase à couvercle peinture grisaille teintée sur émail de Limoges, représentant un combat et le triomphe de Bacchus; monture en argent doré.

202 — Un grand et beau plat ovale en émail de Limoges, à l'intérieur une peinture grisaille teintée, représentant un combat; au revers Moïse frappant le rocher.

203 — Une coupe à couvercle en émail de Limoges à peinture grisaille; l'intérieur représente un sujet de chasse; le couvercle est orné d'arabesques avec bustes d'homme et de femme.

204 — Une coupe ronde sans couvercle en émail de Limoges à peintures grisailles et sujet tiré de l'Ancien-Testament; l'extérieur est décoré de mascarons et de fruits.

205 — Un très beau couvercle en émail de Limoges, décoré de quatre médaillons à portraits grisaille sur fond bleu clair et d'écussons à sujets de rocaille avec d'arabesques.

206 — Une coupe ovale en émail colorié et à paillons, de Limoges, au centre le portrait de la Vierge.

207 — Une autre coupe ronde à peintures grisailles rehaussée d'or, représentant la Vierge entourée d'anges, signé J. L.

208 — Une plaque carré-long à peinture grisaille émail de Limoges, représentant un sujet de l'Ancien-Testament.

209 — Une autre plaque à peinture coloriée sur émail de Limoges, représentant saint Cyprien.

210 — Cinq petites plaques en émail de Limoges, dont quatre représentent des portraits.

211 — Un émail peinture grisaille rehaussée d'or; sujet de sainteté.

212 — Une peinture coloriée émail de Limoges ; sainte Marie-Madeleine.
213 — Une peinture grisaille rehaussée d'or, émail de Limoges ; la Vierge et les apôtres.
214 — Une peinture grisaille teintée, épisode de l'histoire de l'Enfant prodigue.
215 — Une peinture coloriée émail de Limoges, saint François.
216 — Deux médaillons ovales en émail de Limoges, peintures coloriées représentant Diane de Poitiers et Henri II, cadres en bois doré.
217 — Deux médaillons ronds à peintures grisailles représentant des bustes d'hommes casqués, émail de Limoges.
218 — Deux assiettes en émail de Limoges, peintures grisaille teintées, à sujets de sainteté, entourage et revers ornés d'arabesques.
219 — L'Enfant Jésus debout, donnant sa bénédiction, statuette en ivoire, remarquable par sa dimension. 64 centimètres de haut.
220 — Un Christ en ivoire sur croix en bois noir. Hauteur 25 centimètres.
221 — Un autre Christ en ivoire sur croix en bois noir. Hauteur 32 centimètres.
222 — Un Christ en ivoire sur croix en bois noir, hauteur 16 centimètres.
223 — Un très beau Christ en ivoire. 54 centimètres de hauteur.

224 — Un saint Sébastien attaché à un arbre, belle statuette en ivoire sur socle en bois noir orné de figures d'anges.

225 — Une sculpture de haut relief en ivoire, représentant la Descente de croix, dans un cadre en forme de rétable en bois d'ébène.

226 — Un groupe en ivoire représentant la Vierge assise portant l'Enfant Jésus, travail du XV° siècle.

227 — Un autre groupe en ivoire la Vierge et l'Enfant Jésus.

228 — Une plaque de diptyque gothique en ivoire, ornée de deux bas-reliefs à sujets de sainteté.

229 — Un couteau de chasse, la poignée formée par un groupe d'animaux, le fourreau en velours noir est garni en ivoire sculpté; la lame est incrustée d'ornements en or.

230 — Un groupe de deux figures en ivoire d'un travail très ancien, le Sacrifice d'Abraham.

231 — Un cippe en ivoire orné d'un bas-relief représentant une bacchanale, monture en bronze doré.

232 — Une crosse d'évêque en ivoire sculpté avec figures et d'ornements gothiques d'un très beau travail.

232 bis — Un diptyque gothique en ivoire du XVIe siècle, orné de six bas-reliefs à sujets de sainteté, d'un beau travail.

233 — Un volet de diptyque en ivoire en trois bas-reliefs représentant des sujets de sainteté.

234 — Un presse-papier, lion couché, en ivoire sculpté.

235 — Un cippe en ivoire avec bas-relief représentant des enfants et des dauphins, monture en bronze doré.

236 — Un vase en ivoire formé par un groupe de figures d'hommes à cheval, travail très curieux et très ancien.

237 — Un grand vitrail à peinture coloriée du XVIe siècle, représentant les rois mages.

238 — Autre grand vitrail gothique du XVe siècle, représentant divers sujets de sainteté, en six compartiments.

239 — Autre grand vitrail colorié, un saint évangéliste, et armoiries.

240 — Environ quarante vitraux suisses coloriés. Ce lot sera divisé.

Bijoux anciens, Tabatières, Montres, et Objets divers.

241 — Une tabatière ovale du temps de Louis XVI en or émaillé fond vert aventurine, d'une très belle ciselure.

242 — Une grande tabatière en or émaillé, avec le portrait de Louis XVIII sur le couvercle, au dessous de la boîte un sujet allégorique.

243 — Une boîte en or guilloché, ornée de deux plaques en piqué d'or sur écaille.

244 — Une boîte carrée du temps de Louis XV, en or repoussé, avec bas-relief, sujet mythologique.

245 — Une boîte du temps de Louis XIV, en or ciselé, avec bas-reliefs oiseaux en or de couleur, enrichie de diamants et de rubis.

246 — Une boîte à cuvette de forme baroque du temps de Louis XV en sardoine brune avec bas-relief sur le couvercle, représentant le baptême de saint Jean, monture en or.

247 — Une boîte carrée du temps de Louis XVI, ornée de miniatures sous verre, monture à cage en or.

248 — Une boîte ronde en écaille, avec bouquet de fleurs par van Spaendonck sur le couvercle.

249 — Une boîte ovale du temps de Louis XV, en or ciselé avec médaillon à sujets en relief, en or de couleur et argent.

250 — Une boîte ovale du temps de Louis XVI en or ciselé.

251 — Une tabatière du temps de Louis XV, avec bas-relief sur le couvercle; à l'intérieur une miniature.

252 — Un étui du temps de Louis XVI, en or ciselé et guilloché.
253 — Un étui du temps de Louis XVI, en or ciselé, formant cachet.
254 — Un étui en or ciselé et guilloché.
255 — Un petit reliquaire du temps de Louis XIII, enrichi de perles fines.
256 — Une montre en or émaillé du temps de Louis XV, décorée de fleurs sur fond vert.
257 — Une montre du temps de Louis XV, en or ciselé, enrichie de diamants.
258 — Une montre à répétition en or émaillé du temps de Louis XVI.
259 — Boîte ronde en or émaillé fond bleu, ciselure en or de couleur, avec très belle miniature sur le couvercle.
260 — Une boîte carrée du temps de Louis XV, en or émaillé, décorée d'oiseaux et à dessins guillochés.
261 — Une belle tabatière ovale du temps de Louis XVI, en or émaillé gris de perle sur fond guilloché, le couvercle est orné d'un médaillon à sujet avec entourage à feuillage ciselé.
262 — Une tabatière ovale en or émaillé fond violet, sur le couvercle un médaillon à sujet.
263 — Une boîte ovale en or guilloché avec bordure émaillée.

264 — Une boîte ovale en vernis de Martin fond rouge, garnie en or; le couvercle orné d'un médaillon, sujet de marine peint sur émail.

265 — Belle tabatière carrée, monture à cage en or, avec mosaïque en relief en pierre dure appliquée sur un fond de cristal nébuleux.

266 — Une boîte ovale en or guilloché du temps de Louis XVI.

267 — Une belle boîte carrée en or, incrustation de mosaïque en nacre de diverses couleurs.

268 — Une boîte ronde du temps de Louis XVI, en or émaillé, fond bleu semé d'étoiles d'or; sur le couvercle un portrait d'homme, entourage ciselé et émaillé.

269 — Une boîte carrée du temps de Louis XIV, en or ciselé avec bas-relief à sujet.

270 — Une boîte ovale du temps de Louis XVI, en or émaillé, monture ciselée.

271 — Une boîte ronde du temps de Louis XVI, en aventurine de Venise, monture en or ciselé enrichie de perles.

272 — Une boîte du temps de Louis XV, en jaspe sanguin, monture à cage en or.

273 — Une montre en or émaillé du temps de Louis XVI.

274 — Une autre montre en or émaillé du temps de Louis XVI.

275 — Une montre du temps de Louis XV, la boîte ornée d'un émail portrait de femme.

276 — Une montre même époque avec entourage en jargon, portrait de femme sur émail.

277 — Une montre en or avec ornements ciselés et entourage en marcassites.

278 — Une montre du temps de Louis XV, ornée d'un émail entouré de jargon.

279 — Une pomme de canne du temps de Louis XVI, en or émaillé.

280 — Une pomme de canne du temps de Louis XV, en or repoussé, enrichie d'une turquoise.

281 — Une tête de cheval pour manche de cravache, en or ciselé, enrichie de douze brillants et d'émeraudes.

282 — Un mouton formé d'une mère-perle montée en or émaillé. Bijou du XVIe siècle.

283 — Un autre bijou du XVIe siècle, en or émaillé, représentant saint Jérôme sur un rocher formé d'une mère-perle.

284 — Un reliquaire en or émaillé du XVIe siècle, tête de Christ enrichi de diamants table.

285 — Une pomme de canne en or émaillé avec bas-relief.

286 — Une petite montre en or du temps de Louis XV, avec émail, représentant la Leçon de flûte.

287 — Une petite montre du temps de Louis XV, en or ciselé e ornements en relief.

288 — Une rosace en or émaillé enrichi de rubis, bijou du xvi⁰ siècle.

289 — Un médaillon-reliquaire en or émaillé enrichi de rubis.

290 — Un Christ en croix en or émaillé, et un cachet Louis XV monté en or.

291 — Un médaillon en or émaillé avec camée coquille, représentant le jugement de Salomon, travail du xvi⁰ siècle.

292 — Un bijou en forme de poisson, formé par une mère-perle et enrichi de roses, monture en or.

293 — Un cachet-breloque, tête de femme, en agate onyx, avec cornaline intaille, monture en or et crochet émaillé.

294 — Quatre petits bijoux en or.

295 — Un reliquaire en or émaillé représentant le Christ en croix, joli bijou du xvi⁰ siècle.

296 — Une bague en filigrane d'or, et une croix en or émaillé.

297 — Un bijou en or du xvi⁰ siècle, mouton dont le corps est formé par une mère-perle.

298 — Une forte bague en filigrane d'or, avec caractères hébraïques gravés en creux.

299 — Une bague antique avec cornaline intaille, monture en or.

300 — Une paire de boucles d'oreilles en or émaillé avec pendeloques en perles fines.

301 — Un collier et une paire de boucles d'oreilles indiens, enrichis de pierreries et de perles fines.
302 — Un bénitier en argent repoussé, tête de Christ et figure d'ange.
303 — Deux grands médaillons ovales, émail coloré sur cuivre, rehaussé d'or et à paillons, sujets mythologiques.
304 — Un petit calice à couvercle, en argent repoussé et doré.
305 — Une salière en argent repoussé, travail allemand.
306 — Un grand gobelet en argent repoussé, avec figures allégoriques à la Justice et à la Vérité.
307 — Un ouka oriental en filigrane d'argent émaillé, travail chinois.
308 — Un reliquaire en argent orné de figurines, avec date de 1621.
309 — Un calice en forme d'ananas en argent repoussé.
310 — Un autre calice forme d'ananas en argent repoussé.
311 — Un calice semblable aux précédents.
312 — Un calice en argent repoussé orné de bossettes.
313 — Un calice en argent repoussé orné de bossettes.
314 — Deux calices gothiques en argent doré.

315 — Trois bas-reliefs ou mosaïque en relief provenant de tabatières et appliqués sur fond d'or, travail fin et précieux.
316 — Une montre en or émaillé, du temps de Louis XV, sujet d'après D. Teniers, avec châtelaine en or enrichie d'émaux.
317 — Un lot de pierres de couleurs, améthystes, émeraudes, etc.
318 — Deux statuettes d'Hercule, bronzes antiques.
319 — Un portrait de mademoiselle de Lavallière, par Petitot, cercle en or.
320 — Un grand bas-relief en argent repoussé, la Sainte-Famille. Le cadre en cuivre doré est enrichi d'ornements en relief, de figures d'anges et de têtes de chérubins en argent, le tout d'un beau style et d'une exécution parfaite.
321 — Une cornaline intaille, buste de Napoléon Ier, et une cornaline intaille, buste de femme.
322 — Deux plaques de bracelets, mosaïques d'incrustation en agate sur or.
323 — Un pied en argent repoussé et doré et une statuette d'Amour sur un cheval marin.
324 — Un coffret en argent repoussé; sur le couvercle, Mars, Vénus et l'Amour.
325 — Deux vases en lapis lazzuli, monture du temps de Louis XVI, sur piédestaux aussi en lapis, montés en bronze doré.

326 — Un vase à anse en cristal de roche entièrement évidé et pris dans la masse.
327 — Une coupe à six pans sur pied élevé, le tout en cristal de roche d'une très belle qualité.
328 — Un vase forme calice avec couvercle en cristal de roche orné de gravures, monture en argent doré.
329 — Un plateau de forme triangulaire et à trois pieds, en cristal de roche.
330 — Cinq débris de bijoux en or émaillé et un lot de roses et pierres de couleurs.

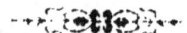

www.ingramcontent.com/pod-product-compliance
Lightning Source LLC
Chambersburg PA
CBHW030101230526
45471CB00003B/1191